ジュニア版

おもしろびっくり！

ギネス世界記録®

② 世界一ながい

汐文社
ちょうぶんしゃ

あなたも世界一にチャレンジしよう！

小学生のみなさんにも、だれでも、せかいで一番になるチャンスがあります！ この本に出てくる「頭の上に何びょう間サッカーボールをのせていられるか!?」や「１本のゆびに何びょう間カサを立たせられるか!?」といったせかい記ろくは、がんばってれんしゅうすれば、みなさんだってせかいで一番になれるかもしれません。ぜひためしてみてください！

そんな、せかい中の一番をあつめた『ギネス世界記録』という本があります。毎年、新しいせかい記ろくがたくさん出てくるので、この『ギネス世界記録』も毎年毎年、新しく作っています。いちばん新しいのは『ギネス世界記録2020』ですね（2020年2月現在）。

けれども、この『ギネス世界記録』はかん字がいっぱいあったり、ちょっとせつ明がむずかしかったりして、小学生のみなさんには読むのが大へんかもしれません。

そこで、小学生のみなさんでも楽しめる本として、この本『ジュニア版 おもしろびっくり！ ギネス世界記録』を作りました。ぜひ、楽しんで読んでください。そしてチャレンジしてみてください。

ギネス世界記録2020
定価：本体 3,300 円 （税別）
発行：角川アスキー総合研究所
発売：KADOKAWA

この本に掲載している記録はすべて、各年に刊行された書籍『ギネス世界記録』から転載しており、各記録の情報は『ギネス世界記録』掲載時点のものです。現在ではすでに更新されている記録もありますが、ご了承ください。

もくじ

ジュニア版

おもしろびっくり！ギネス世界記録 ② 世界一ながい

3

❙せかい一長いツメ（かた手）

1952年からのばしはじめたスリドハー・キラル（インド）の左手のツメの長さは、2014年のときで合計で9m9cm6mmもあった。彼のツメでもっとも長いのは親ゆびで、その長さは1m97cm8mmだ。

『ギネス世界記録2019』より

9m9cm6mm

せかい一長いツメを もつ女の人

リー・レドモンド（アメリカ）は、2008
年にツメの長さの合計8m65cmでギ
ネス世界記録になった。しかし、その
1年後の2009年に自どう車じこで
ツメをうしなってしまった。

『ギネス世界記録2020』より

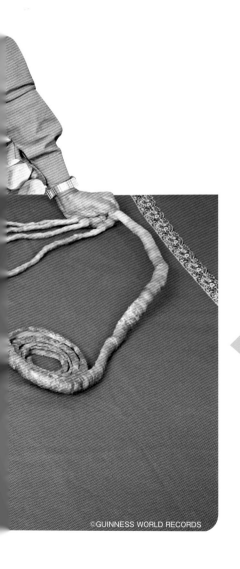

8m65cm！

▌せかい一長い首

ミャンマーとタイのパダウン（またはカヤン）族の一ぶの女の人は、おもいしんちゅう[※1]でできたリングを首につけて頭とかたの間の長さをのばしている。首がせかい一長い人は、さこつのすぐ上から下あごまでの長さが19cm7mmだ。[※2]

『ギネス世界記録2020』より

Pacific Stock／アフロ

▌せかい一長い足（女の人）

かかとからおしりまで

左 1m32cm8mm！

右 1m32cm2mm！

©GUINNESS WORLD RECORDS

┃せかい一長いした

「なめ男」ともよばれているニック・
ストーベール（アメリカ）の長いしたは、
くちびるからした先まで10cm1mmあ
った。ぎん行につとめていて、おわら
いげい人でもある彼は、長いしたに
ラップをまいて絵もかいてしまうんだ
とか！

『ギネス世界記録2015』より

ほぼじつぶつ大！

10cm1mm！

©GUINNESS WORLD RECORDS

エカテリーナ・リシナ（ロシア）は、かかとから
おしりの上までの長さが、左1m32cm8mm、
右1m32cm2mmもある。彼女のしん長は2m
5cm16mm※3だ。

『ギネス世界記録2019』より

※1 真鍮（しんちゅう）とは、アクセサリーや家具によく使われる金属の一種。銅と亜鉛の合金で「黄銅」ともいわれる。
※2 一般的な成人の首の長さは8〜10cm。　※3 エカテリーナ・リシナは、2017年7月20日に、最も背の高いモデルにも認定された。

せかい一かみの長い少女

ニランシ・ペタル（インド）は、6才からのばしはじめたかみが16才のときに1m75cmになってギネス世界記録になった。彼女は、週に1度かみをあらい、30分かけて2回とかしてから三つあみにしているのだそう。

『ギネス世界記録2020』より

1m75cm！

せかい一長い
頭はつ（女の人）

1973年（13才のとき）からかみをのばしはじめた謝秋萍（中国）のぜいたくなまき毛は、2004年に長さ5m62cmとなっていた。大人のオスのキリンのせの高さとほとんど同じだ！

『ギネス世界記録2020』より

5m62cm！

その前のさい長記ろくは
日本の女子高生だった！

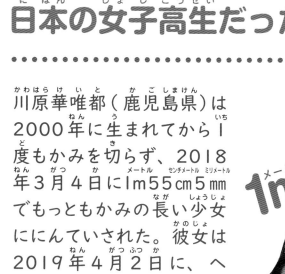

川原華唯都（鹿児島県）は2000年に生まれてから1度もかみを切らず、2018年3月4日に1m55cm5mmでもっともかみの長い少女ににんていされた。彼女は2019年4月2日に、ヘアドネーション※1のためにはじめてかみを切った。

1m55cm5mm！

※1 切った髪を医療用かつらに寄付すること。

人間のふしぎ④

▌せかい一長い耳毛

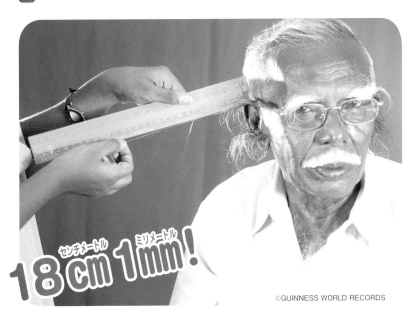

元校長先生だったアンソニー・ビクター（インド）は、外耳の中おうから生えた毛がある。その長さはもっとも長いところで18cm1mmだ。

『ギネス世界記録2019』より

18cm1mm！

©GUINNESS WORLD RECORDS

▌せかい一長いまゆ毛

©GUINNESS WORLD RECORDS

ジェン・シューセン（中国）のまゆ毛の長さは、上の「せかい一長い耳毛」よりもほんの少し長い19cm1mmだ。

『ギネス世界記録2017』より

19cm1mm！

せかい一長い
あごひげ

カナダのグル・ナーナク・シーク寺院(じいん)のリーダー、
サルワン・シン (カナダ) のひげの長(なが)さは
2m49cm だ。

『ギネス世界記録2020』より

© GUINNESS
WORLD RECORDS

11才(さい)のころから
ひげをのばし
はじめたんだって!

2m49cm !

せかい一長(いちなが)いあごひげ(女(おんな)の人(ひと)・さい年少(ねんしょう))

1990年(ねん)11月(がつ)29日(にち)生(う)まれのハルナーム・
カウア (イギリス) は、2015年(ねん)にもっとも
長(なが)いあごひげのもちぬしとなった。今(いま)は自(じ)
分(ぶん)の体(からだ)に自(じ)しんをもち、モデルとして人(ひと)を
元気(げんき)づけたり、いじめをなくそうという活(かつ)ど
うをしている。

『ギネス世界記録2017』より

© GUINNESS
WORLD RECORDS

やく15cm !

食べもの①

作るのに
8時間も
かかったんだって！

せかい一長いピザ

ZUMA Press/ アフロ

1km930m!

アメリカのカリフォルニア州フォンタナにて、アメリカとイタリアのピザ店やパンやなど
13のお店がきょう力して1km930mのマルゲリータピザが作られた。

『ギネス世界記録2019』より

せかい一長いケーキ

©GUINNESS WORLD RECORDS

中国の江西省製パン協会は、ぜん長3km180mのフルーツケーキを作った。この長いケーキは、60人のケーキしょく人と120人のアシスタントが1日かけて作ったのだそう。

『ギネス世界記録2020』より

3km180m!

せかい一高いパンケーキの山

センターパークス・シャーウッド・フォレスト（イギリス）が作ったパンケーキは、1m1cm8mmの高さを記ろくした。

『ギネス世界記録2018』より

©GUINNESS WORLD RECORDS

1m1cm8mm!

せかい一長いおにぎりのれつ

伊香立学区自治連合会（滋賀県）は50しゅう年記ねん行じとして、132m 20㎝のおにぎりのれつを作った。記ろくをはかる前には、何百人もの人たちがおにぎり作りを手つだった。

『ギネス世界記録2019』より

132m20cm！

©GUINNESS WORLD RECORDS

©GUINNESS WORLD RECORDS

せかいー長い
ようかん

西九州大学短期大学部（佐賀県）は、
ぜん長50mのようかんを作った。

『ギネス世界記録2015』より

50m!

©GUINNESS WORLD RECORDS

33m90cm!

©GUINNESS WORLD RECORDS

せかいー
長いちくわ

牛深小学校と天草漁業士（熊本県）により、
せかいー長いちくわ33m90cmの記ろくがこう
新された。

『ギネス世界記録2015』より

せかいー長い
ながしそうめんのきょり

御所市みんなの夢事業「TUNA-GOSE実
行委員会」（奈良県）は、3km317m70cmの
ながしそうめんにせいこうした。めんがゴール
するまでに1時間くらいかかったのだとか。

『ギネス世界記録2018』より

©GUINNESS WORLD RECORDS

3km317m70cm!

バランスわざ

■せかい一長いかた足立ち

©GUINNESS WORLD RECORDS

スレッシュ・ヨキアム（カナダ）は、かた足で立ちつづけた記ろくのもちぬしだ。その時間はなんと76時間40分。3日間（72時間）い上だ！

『ギネス世界記録2019』より

76時間40分！

■バランスボードの上に立ったせかい一長い時間

©GUINNESS WORLD RECORDS

タトゥム・ブラウン（アメリカ）は、バランスボードの上で25分30びょう86も立ちつづけた。

『ギネス世界記録2019』より

25分30びょう86！

スラックライン※1上で
ボールをキープしつづけた
せかい一長い時間

ジョン・ファーンワース（イギリス）がスラックライン上でバランスをとりながら29びょう82もの間サッカーボールをもった。

『ギネス世界記録2017』より

29びょう82！

©GUINNESS WORLD RECORDS

バスケットボールを
はなにのせて回しつづけた
せかい一長い時間

アメリカ合衆国アリゾナ州のバスケットボールのエキシビションチーム、ハーレム・グローブ・トロッターズのスクーター・クリステンセンが、バスケットボールをはなの上に7びょう7のせて回し、新記ろくになった。

『ギネス世界記録2017』より

7びょう7！

※1 細いベルト状のラインの上で歩いたり飛んだりする、綱渡りのようなスポーツのこと。バランス感覚や集中力などを鍛えることができる。

やってみよう！
～バランスわざにちょうせん！～

TRY!!

頭の上に何びょう間サッカーボールをのせていられるか!?

頭の上にサッカーボールをのせたまま、おとさずにキープできた時間をはかってみよう！

『ギネス世界記録2019』より

ギネス世界記録は **8時間42分12びょう**

16ページで しょうかいしている「せかい一長いかた足立ち」にもちょうせんしてみてね！

バランスボールの上に 何びょう間立てるか!?

ゴムでできた大きなバランスボール。ここに何びょう間立っていられるかな!?

『ギネス世界記録2019』より

ギネス世界記録は **5時間25分36びょう**

1本のゆびに何びょう間 カサを立たせられるか!?

ゆびの上にカサを立たせて何びょう間バランスをたもてるかちょうせんしてみよう! ギネス世界記録は右手の中ゆびでたっせいしたそうだが、キミはどのゆびがバランスをとりやすいかな?

『ギネス世界記録2019』より

ギネス世界記録は **2時間22分22びょう**

キケンな記ろく①

⚠ よい子のみんなは マネしないでね

ぜんしんを こおりにつけてすごした せかい一長い時間

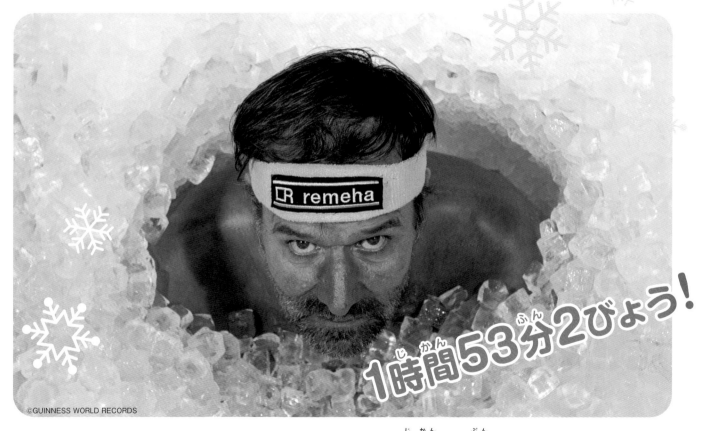

1時間53分2びょう！

©GUINNESS WORLD RECORDS

ビム・ホフ（オランダ）は、こおりにひたったまま1時間53分2びょうをたえた。これまでに彼は16回、この記ろくをこう新している。

『ギネス世界記録2015』より

ぜんしんをもやしつづけたせかい一長い時間（さんそなし）

5分41びょう!

©GUINNESS WORLD RECORDS

オーストリアのザルツブルク消防署のグラウンドで、ヨセフ・トードリング（オーストリア）は、さんそのきょうきゅうなしで、つま先から頭の先までかんぜんにほのおにつつまれたじょうたいを5分41びょう間たもった。頭と首のやけどをふせぐために、何まいものたいかせい※1の服とジェルで体をおおった。　　　『ギネス世界記録2020』より

ほのおのトンネルをバイクでとおりぬけたせかい一長いきょり

絶対にマネしちゃだめだよ!!!!

120m40cm!

©GUINNESS WORLD RECORDS

エリンコ・シェーマンと、後ろのせきのアンドレ・デ・コック（ともに南アフリカ）は、サイドカーつきのバイクでほのおのトンネルを120m40cmとおりぬけた。

『ギネス世界記録2015』より

※1　耐火性（たいかせい）とは、火の熱に耐える（燃えにくい）性質を持つこと。

キケンな記ろく②

よい子のみんなは
マネしないでね

バイクで
ダート・トゥ・ダートの
ランプジャンプの
せかい一長いきょり

アレックス・ハービス（アメリカ）が、ダート（小山）
からダートへさい高のジャンプにせいこう。そのきょり
は90m69cmだった。

『ギネス世界記録2015』より

©GUINNESS
WORLD RECORDS

90m69cm!

ぎゃくむきに
バイクにのって走った
もっとも長いきょり

インド陸軍信号隊のパフォーマンス用バイクチームのメンバー、ディバヤン・チョウドリー（インド）は、バイクにぎゃくむきにのって202km走った。これは、前の記ろくの3ばいい上のきょりだ。

『ギネス世界記録2019』より

202km！

©GUINNESS WORLD RECORDS

©GUINNESS
WORLD RECORDS

▌サッカーボール５つで ジャグリングしたせかい一長い時間

世界ジャグリング連盟と国際ジャグラー協会で９つの金メダルをもっているジョシュ・ホートン（アメリカ）は、サッカーボール５つを１分15びょう02もの間ジャグリングしつづけた。

『ギネス世界記録2019』より

1分15びょう02!

©GUINNESS WORLD RECORDS

▌かた足で一りん車をこいだ せかい一長いきょり

イスラエル・アランツ・パラダ（スペイン）は、一りん車を右足だけでこいで894m35㎝を走った。

『ギネス世界記録2020』より

894m35㎝!

ジェットコースターに
のりつづけたせかい一長い時間

©GUINNESS WORLD RECORDS

PLEASURE BEACH

リチャード・ロドリゲス（アメリカ）は、ジェットコースターの「ザ・ペプシ・マックス・ビッグ・ワン」と「ビッグ・ディッパー」に405時間40分のりつづけた。

『ギネス世界記録2019』より

405時間40分!

テニスボレーラリー※1を
つづけた
せかい一多い回数

©GUINNESS WORLD RECORDS

アンジェロとエトレィ・ロセッティ（ともにアメリカ）はテニスのボレーラリーを3万576回続けて記ろくをたっせいした。

『ギネス世界記録2017』より

3万576回!

※1　空中に浮いたボールを、地面に着く前に直接打ち合うこと。なお、テニスラリー（ボールを打ち合うこと全般のこと）の最長記録は、2013年7月20日にフランクとデニス・フォアマン（ともにドイツ）が出した5万970回だ。

25

おもしろ記ろく②

日本でたっせいした
"せかい一長い"
をあつめたよ！

┃せかい一長い
みこし行れつ

山口県防府市の幸せますフェスタ
実行委員会は、100きのおみこしで
行れつを作って、はなやかに行しん
した。

『ギネス世界記録2019』より

100き！

©GUINNESS WORLD RECORDS

せかい一長い花火「ナイアガラの滝」

3km517m23cm!

福岡県柳川市で開催された有明海花火フェスタでおきゃくさんを
おどろかせたのが、まわりをかがやかせた、たきのようなしかけ
花火「ナイアガラの滝」。ぜん長はなんと3km517m23cmだった。

『ギネス世界記録2015』より

せかい一大人数のラグビー・スクラム

2586人!

ラグビーワールドカップ2019のかいさい地
の豊田スタジアムで、豊田商工会議所青年
部がせかい一大人数のラグビースクラムにち
ょうせんした。地元の会社や学校からあつま
った人たちが、スタジアム北がわのしば生広
場をななめによこ切ってせいれつ。スクラムを
組んだ人数は2586人にたっした。

『ギネス世界記録2020』より

長さを
くらべてみよう！

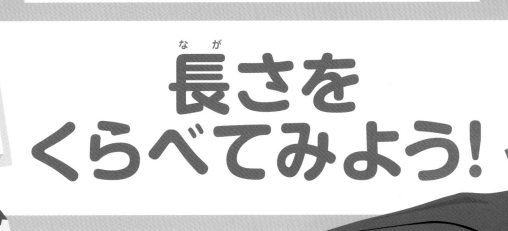

シロナガスクジラ
やく**27**^{メートル}**m**

ひこうき
（エアバスA318）
31^{メートル}**m**

アジアゾウ　やく**6**^{メートル}**m**

スマートカー　やく**2**^{メートル}**m****50**^{センチメートル}**cm**

人間 **1**^{メートル}**m****60**^{センチメートル}**cm**

さい大の動物であるシロナガスクジラがどのくらい大きいのかを見てみよう。人間のしん長を１ｍ60㎝とすると、大人のシロナガスクジラは人間のやく17ばいにもなるのだ！ さらに、おもさでくらべると、シロナガスクジラ１頭は人間やく3333人分にもなるんだって‼

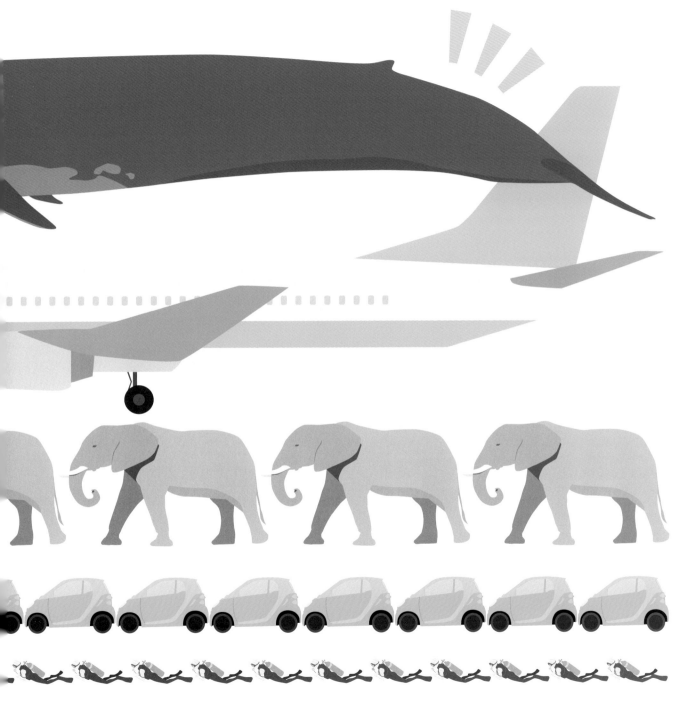

『ギネス世界記録2016』より

さくいん

大人の方へ ギネス世界記録®へ挑戦するための 7つのSTEP

誰でもギネス世界記録へ挑戦できるということをご存知ですか？ 本書に掲載したさまざまな世界記録に子どもたちが興味を持ったら、ぜひ挑戦してみましょう！
ギネス世界記録への申請は以下の7ステップで完了します。公式サイトの詳細も合わせてご確認ください。

STEP1 ウェブサイトにアクセス

挑戦したい記録が決まったら、ギネス世界記録の公式サイト内「記録挑戦の申請をする」の
ページにアクセスします。

https://www.guinnessworldrecords.jp/records/apply-to-set-or-break-a-record/

※実際に記録に挑戦するのは STEP6の申請が完了してガイドラインが届いてから！

STEP2 挑戦方法を決めて「申請」をクリック

「個人」か「法人（組織・団体）」を選びます。

※ここでは、オンラインで申請＆証拠物の提出が可能な「個人向け通常申請」を選択した場合を例に進めます

STEP3 ギネスワールドレコーズ・アカウントを作成する

「アカウント作成」を選択して登録に必要な情報を入力し、アカウント作成を完了させます。

STEP4 申請したい記録を検索してクリック

アカウント作成が完了したら、申請したい過去の記録を検索します。検索は英語（英単語の組み合わせ）
のみ使用可能です。検索結果に目的の記録が見つかったら選択して「申請する」をクリック。

※このとき、「記録を見る」をクリックすると現時点で登録されている記録を確認することができます

STEP5 申請に必要な質問に回答する

スポンサーの有無や、この記録が町おこしのプロモーションに生かされるかなど、
いくつかの質問に回答します。

STEP6 申請内容の詳細を記入し、申請が完了！

申請者の情報や記録挑戦の場所・詳細を入力します。
申請における契約書が表示されるので確認して進み、申請を完了させます。

STEP7 ガイドラインに沿って、いざ記録に挑戦！

申請完了から約3か月後に審査のためのガイドラインが送られてくるので、ガイドラインに沿って記録に挑
戦し、必要書類と証拠物を送付します。 これで審査が開始されます！

ジュニア版

おもしろびっくり！
ギネス世界記録®
② 世界一ながい

・・・・・・・・・・・・・・・・・・・・・・・・・・・・・・・・・・・・・

2020年3月25日　初版第1刷発行

編　　株式会社角川アスキー総合研究所

発行人　加瀬典子

発　行　株式会社角川アスキー総合研究所
　　　　〒113-0024
　　　　東京都文京区西方1-17-8　KSビル2F

発　売　株式会社汐文社
　　　　〒102-0071
　　　　東京都千代田区富士見1-6-1　富士見ビル1F
　　　　電話：03-6862-5200（営業）
　　　　ファックス：03-6862-5202

印　刷　新星社西川印刷株式会社

製　本　東京美術紙工協業組合

乱丁・落丁本はお取り替えいたします。
ご意見・ご感想は read@choubunsya.com までお送りください。
NDC 030
ISBN978-4-8113-2684-9　C8301

・・・・・・・・・・・・・・・・・・・・・・・・・・・・・・・・・・・・・

［ 装丁・デザイン ］　三浦理恵
［ 　 編　集　 ］　三浦良恵
［ 制 作 協 力 ］　黒川チエコ（opon）